DECLARATION DV ROY,

CONTRE LE DVC DE ROHAN,

SES COMPLICES ET communautez adherants à sa faction.

A TOLOSE,

De l'Imprimerie des CoLoMiez, Imprimeurs ordinaires du Roy.

M. DC. XXVII.

LOVYS par la grace de Dieu Roy de France & de Nauarre.

A nos amez & feaux les gens tenans noſtre Cour de Parlement de Toloſe, Salut. Le Duc de Rohan ayant en ſuitte des diuerſes pratiques & menées qu'il a faictes, tant dedans que dehors noſtre Roy-

aume, pour troubler le repos de noftre Eftat, faict
courir vn efcrit en forme
de Manifefte, contenant
plufieurs difcours perni-
cieux, pour couurir &
pallier fa perfidie & defo-
beyffance, & tendans à
efmouuoir par artifices &
faux pretextes nos fubjets
de la Religion pret. reformée, & les foubftraire de
leur deuoir naturel, en
ayant mefmes contrainct

aucuns par force & violē-
ce de jurer vn fermēt d'v-
nion pour fe joindre auec
les Anglois, ainfi qu'il no⁹
eft apparu par actes qui
nous ont efté reprefentés;
ayant ledit Duc paffé iuf-
ques à ce poinct d'audace
& temerité, que de decla-
rer par ledit manifefte d'a-
uoir attiré lefdits Anglois
eftrāgers dās noftre Eftat,
pour fe rēdre protecteurs
des Eglifes pretenduës re-

formées, & les deliurer des
oppreſſions qu'il pretend
& ſuppoſe meſchammét
leur eſtre faictes en l'exer-
cice libre de ladite Reli-
giõ : s'eſtant en ſuite de ce
mis en campagne auec
troupes, tãt de cheual que
de pied, deliuré ſes Com-
miſſions, & commis plu-
ſieurs actes d'hoſtilité ,
perfidie, & rebellion : Au
moyen dequoy , voulans
qu'il ſoit pourſuiuy cõme

ennemy de nostre Estat,
& principal autheur des
troubles& factions presé-
tes, non seulement par la
voye des armes, mais en-
cores par les peines por-
tées par nos lettres de Dé-
claratiõ du mois d'Aoust
dernier,faites contre ceux
qui adhereront ou fauo-
riseront lesdits Anglois.
A cette cavse,
Nous voulons, vous
mandons & ordonnons

par ces presentes, signée
de nostre main, qu'en cõ-
sequence de nosdites let-
tres de Declaration, vous
ayez à faire & parfaire le
procez audit Duc de Ro-
han par les formes portées
par nos Ordõnances, nõ-
obstant tous priuileges,
mesmes celuy de la Pairie.
desquels il est décheu, &
s'est rendu indigne, attẽdu
l'enormité du crime no-
toire de rebelliõ, & attẽtã

par luy temerai mét aduoüé
contre noſtre authorité, &
le repos de noſtre Royau-
me. Voulons pareillement
que vous ayez à faire & parfaire le proçez à tous ceux
qui luy ſont adherants; meſ-
mes aux Villes & Commu-
nautez de voſtre Reſſort,
qui ſe portent en corps à ladite rebellion : Declarant,
comme nous declarons de-
rechef par ceſdites preſentes leſdites Communautez,

& les habitans d'icelle qui
aurōt iuré ladite vnion coul-
pables & criminels de leze-
Majeſté, decheus de toutes
graces & priuileges par
Nous accordez à nos ſub-
jects de la Religion preten-
duë reformée, ſans eſperan-
ce d'aucun reſtabliſſement.
Vous ordonnant de proce-
der contre leurs perſonnes,
memoire & biens, par les
peines portées par noſdites
Lettres; ſauf pour les Par-

ticuliers & lefdites Cõmunautez, fi dans huict iours
apres la publication des pre-
fentes en noftredite Cour,
& aux Iuges principaux qui
en dependent, ils fe depar-
tent de ladite rebellion, &
d'adherer audit Duc de
Rohan ; & en paffent les
actes de leur declaration,
defiftement & fubmiffion à
noftre obeiffance, aux Gref-
fes des Iuges du Senefchal
de Tolofe, Carcaffonne,

Castelnaudarry , Beziers,
Beaucaire, Viuiers, Mande,
Narbonne, Villefranche de
Roüergne, & le Puy; ne laiſ-
ſant pas neantmoins d'eſtre
fait toutes pourſuites, iuge-
mens contr'eux , execution
d'iceux , iuſques à tant que
leſdits Particuliers & Communautez ſe ſoient actuel-
lement deſiſtez, & en ayent
paſſé leſdites declarations :
leſquelles nous entendons
eſtre ſignées des Lieutenans

Generaux des Sieges, du Substitut de nostre Procureur General, & du Greffier. Et outre ce, que lesdites Cõmunautez ayent renoncé à l'vnion auec ledit Duc de Rohan, & ouuert les portes à nostre tres-cher & tres-amé Cousin le Prince de Condé, Lieutenant General de nostre Armée en Lãguedoc, ou à nostre tres-cher & bien-amé Cousin le Duc de Montmorency,

Gouuerneur & noſtre Lieu-
tenant General en ladite
Prouince , & receu d'eux
Garniſon, pour nous aſſeu-
rer de leur fidelité. De ce
faire vous dõnons pouuoir,
authorité, commiſsion , &
mandement ſpecial par ceſdites preſentes. Mandons
à noſtre Procureur General
en noſtredite Cour , faire
pour l'effect que deſſus, toutes pourſuites & requiſitions
neceſſaires; & à vous neceſ-

faires, & à vous d'y vacquer
toutes affaires ceſſans, & ſans
intermiſſion. Car teſt eſt
noſtre plaiſir. Donné au
Camp d'Eſtré le quatorziéme iour d'Octobre, l'an de
grace mil ſix cés vingt-ſept,
& de noſtre regne. le dix-
huictieſme.

Signé, LOVIS.

Et plus bas, Par le Roy,

PHELYPEAVX.

EXTRAICT DES REGISTRES
DE PARLEMENT.

SVR la lecture, publication & regiſtre iudiciellement requis par le Procureur General du Roy, des Lettres Patentes de Declaration de ſa Majeſté, données au Camp d'Eſtré le quatorziesme de ce mois d'Octobre mil ſix cens vingt-ſept, par leſquelles le Roy declare, veut & ordonne, que la Cour ait à faire & parfaire le procez au Duc de Rohan, pour les cauſes contenues auſdites Lettres ſuiuant & conformement en icelles.

LA COVR. euë deliberation, a ordonné & ordonne que leſdites Lettres Patentes du Roy, deſquelles la lecture a eſté faite, ſeront regiſtrées és Regiſtres d'icelle, pour eſtre le contenu gardé, obſerué & executé ſelon ſa forme & teneur : Neantmoins que vidimus, ou copies collationnées d'icelles, ſera enuoyée par toutes les Seneſchauſſées, Bailliages & Iudicatures de ce Reſſort, pour faire proceder en leurs Auditoires à ſemblable & pareille lecture, publication & regiſtre deſdites Lettres. Enjoignant aux Subſtituts dudit Procureur General eſdites Seneſchauſſées, Bailliages & Iudicatures d'y tenir la main, & certifier la Cour dans le mois du deuoir qu'ils y auront apporté, à peine d'en reſpondre à leur propre & priué nom. Et outre ladite Cour a enjoint & enjoint à tous les Officiers deſdites Seneſchauſſées, Bailliages & Iudicatures ; enſemble aux Conſuls des villes & villages d'icelles, d'arreſter les gens de guerre tant de pied que de cheual, qui trauerſeront païs ſans aduey, & leur faire le procez conformement aux Ordonnances. Fait & dit à Toloſe en Parlement le vingt-neufuieſme d'Octobre mil ſix cens vingt-ſept.

Signé, DEMALENFANT.

Collationné, CABRIT.